JN438215

빛깔은 블루

| 다섯 번째 최 경 식 시집 |

청옥

시인의 말

문학을 시작 한지 10년이 넘다보니 늘 시를 쓸 때는 처음보다 더 신경이 쓰이며 시를 읽는 독자의 마음이 어떨까? 생각이 난다. 5집을 만들면서 제목에 고심을 하다 밝은 마음을 바라면서 '빛깔은 블루'로 푸른 마음이 지속적으로 이어지기를 바라며 시집을 만들게 되었다.

삶이란 세상에 무로 태어나서 무로 돌아가는 것이며 살면서 흔적을 남길 수 있으면 남기고 떠나는 것이다.

저는 문학 단체를 만들어 두면, 문학을 통하여 긍정의 마음이 만들어져 사회에 여백을 주는 마음이 보급되지 않을까 생각한다.

인연의 소중함을 느끼고 인생행로에 만남은 시작을 만드는 것이라고 느끼며 새 인연을 기다리는 마음으로 이 시집을 내어 놓는다.

2016년 10월 28일

청옥문학 사무실에서 저자 최경식

차 례

제1부 그대

제2부 낙엽

제3부 빗줄기

제4부 연꽃

제5부 제2석굴암

제 1 부

그대

그대

그리움은 연못처럼 돌고 있다

차가운 겨울에도 꽃을 피우고
눈 속에서 풀꽃처럼 봉오리 맺는다

햇살이 비치는 창가에서
난 꽃향기에 뭉클한 그리움이 오면
깊은 사색을 하는 시간이 된다

연못에 피는 고운 연꽃처럼
찻잔 속에 피는 그리움은
아침부터 저녁까지
떠나지 않는 그대다

그림자

광안대교 오색조명
가치노을 밟는 그림자
이리저리 뛰어간다

언제나 변치 않는 약속을 가지고
너덜 길도 좋다한다
세월은
곁에서 맴돌지도 않고 지나가니
보석 같은 시간을 활용하여

그림자처럼 따라 다니는
눈 정에 사랑하며
씨앗을 뿌리는 마음으로
새 기쁨을 쌓는다면…

겨울 백사장

백사장으로 밀고 오는 파도
끝자락 따라 걸어가니
찬바람이 귀밑대기를 스치고
양 볼을 홍당무를 만들어
차가움을 느끼는 해안 길

갯바람이 밀고 오는
하얀 포말의 박진감은
시원한 소리와 함께 사색을 부르며
싱그러운 생각을 몰고 온다

파도가 쓸고 간 자리는
새 길이 되어
행복이란 메시지를 쓰면서
나만의 시간에 머뭇거린다.

여행

아름다운 구름위에서
바라보는 신비로움 느낀다

보송보송한 구름과 구름이
악수하는 여러 모양이 움직이고
비행기는 제자리 있는 것 같아도
865키로 가는 속도
흘러가는 구름은
그대의 고운 마음 같이
포근함을 느낀다

산을 만든 구름위에
앉아 보는 기쁨
윙 윙하는 소리는 시간을 알리고
내 마음은 도착 시간을
하나 또 하나 세어본다

가는 길

처음으로 가는 것 같아도
앞서간 사람이 있을 것이다

단지 내가 처음 가는 길이라 망설이며
어렵고 아픈 마음도 있겠지만
성숙의 과정으로 보면서 가는 것이다

삶이란 싫은 것 좋은 것이 공존하니
잘 받아 넘기는 지혜가 필요하며
함께 가는 길이 있다면
조금은 여유가 되지 않을까

지난날 돌아보며 낮추는 마음은
순탄하여 좋은 일이 생길 것이며
목표를 정하여 사랑을 주면서
튼튼한 뿌리를 만드는 것이다.

가슴에 있는 사랑

아려오는 아픔도 보고픔이 된다

그리워하는 마음을 만들며
내 속에 담아둔 마음
비내리는 날이면
물방울로 전해야 되는지

우연의 만남이
깊어 가는 인연을 만드는지
함께 하는 시간은
속내를 알지 못해도
응시하며 헤어지면 아쉬움이 남는다

달콤한 사랑을 만들고
싶지만…

가을에 동행

단풍이 옷 갈아입는 가을엔
동행해줄 사람이 그리워진다

너울너울 파도가 밀려오는
고즈넉한 카페에 앉아
하늘거리는 코스모스를 바라보니
늘 옆에서 고운 마음으로
정을 주는 그대와
차 한 잔 하고 싶다

은은히 스며드는 차향 속에 녹아
오래 동안 마주할
그런 사람과 동행하며
노을빛에 물든 국화꽃 같은 아름다움보다
움직이는 마음이 고운 사람과
깊은 가을밤의 향기에 취해보고 싶다.

가을의 향기

은빛 출렁이는 파란 바다를 바라보며
가는 길은 즐거운 일이다

그리운 그대가 있다는 것은
기운이 나는 일이며
보고픔은 관심이 있어야 되는 것
가끔 꿈속에 나타나 주는 것은
살아있는 증거며

인생길을 함께 걷는 것은
행복이 되며
기다림엔 사랑이 쌓인다.

간절곶에서

어둠이 깔린 저녁
저 멀리 반짝이는 황홀한 불빛
바다위로 걷는다

출렁이는 포말이 있는
고즈넉한 풍경이 보이는 카페에서
임과 아메리카 향기를 음미하는
시간은 행복이 된다

그대의 미소는 목련꽃보다 좋으며
한마디 오가는 대화는
시간을 잊게 만들어
보면 볼수록 뜨거운 마음과
기쁨이 생긴다.

강

세월을 품고
이리저리 비켜 가면서
세상을 살피고 있다

그대가
필요 하는 곳에는
머물며 반짝이는 물빛으로
마음을 주고

졸졸
소리를 내어 시원함도 주고
바람과 동행하며
생기를 만들어 준다

물빛이 모인 곳에는 배를 타고
푸른빛에서 미소를 짓고
낮아지는 순수함을 주는 그대는
영원한 나의 임이다.

개나리 꽃

노오란 향기가
모퉁이에서 웃고 있어
어찌나 고운지
눈으로 마신다

실바람 타고
하늘거리는 손짓
가까이 가서 보니
정감이 생겨서
떠나기 싫어
주위를 맴돌고 있다.

계림의 최고 흙산

최고봉의 흙산은
케이블로 올라가는 높은 곳이다

풍경을 감상하기 좋은 곳이며
정상에 내리자 전통의상의 아가씨가
촬영을 원하며 몰려온다
이곳에는 수입이 없기에
그렇게 기쁨을 주는 것을 보았다

문화도 알리고 사는 원주민과 인사는
삶의 형태가 묘해지는 것이다
제각기 타고난 재능으로 노력하는 모습은
터전을 이어가는 것으로 보이며

미소로 인사를 하니 다리폼*이 사라지고
또 다음을 만들어 내고 있다.

* 다리폼 : 걷는데 수고로움

공작새의 울음

산새가 우거진 풍경 속에
갑자기 울음소리에 놀라 바라보니
공작새가 지붕위에 앉아 있다

큰 날개를 펴고
날아가는 진풍경에
감동을 하여 멍하니 보았다
큰소리 울음과 떠나지 않는 기풍은
당당해 보인다

서운암에 자랑인 공작새를 보기 위해
다음 만남을 기다려 본다.

관암 동굴

석순이 빼어난 경관을 자랑하는
큰 동굴의 길이가 엄청나
레일로 타고 돌아보는 동굴
형형색색으로 조명이 있다

수억 년의 신비가 보이는
동물을 닮은 석순을 보니
이렇게 될 수 있는지
자연의 신비에 감탄을 한다

고드름처럼 된 아름다운 석순을
보는 시간은 감동이 된다.

그대는 인연

그대를 만나기 위해
준비를 하면
설렘과 보고픔이 생겨
시계만 본다

고즈넉한 풍경 같은 마음은
정이 생기며
윤택 나는 그대와 눈인사는
가슴에 담겨져 그리움이 된다

망태기에
그리운 마음을 담아
그대가 있는 곳에 가는 길은
즐거움이 있다.

그림자 마음

인생길 쉼 없는
즐거움 없듯이
사는 것이 파도처럼
아픔은 노을처럼 순간에 생겨

건들바람에 날려 보내도
서글픔에 남는 얼룩진 상처
뉘우쳐도 소용없는 마음

잊으려 해도 따라 다니는 것은
그림자 마음인가
세월이 흘러야…

기다리는 초파일

아무도 모르게 둘만이 새긴 사랑
꽃술 같은 부드러운 마음은
옷깃에 젖고 있다

안 보면 보고 싶은 그윽한 모습
항상 나의 한편에 남아서
울컥울컥 생각이 난다

창살에 걸린 낮달과
주마등처럼 이어지는 미소를 만나면
깊은 사색에 젖게 된다

봄꽃이 만발하는 계절에
밝혀주는 등불과 함께하는 그대는
영원한 나의 임이다.

내 인연은

별빛이 쏟아지는 밤
유난히 빛나는 별같이

사랑을 나르는 새싹처럼
해가 뜰 때 웃고
질 때 고개 숙이는 꽃처럼

잠간 피고 지는 꽃보다
오래 동안 피어있는 향기의 꽃으로
황금빛에 반사되는 억새꽃처럼
늘어갈수록 아름답게 변하면서

손을 잡고 한세상
그저 계곡 물처럼 흘러가며
여기 저기 찾아가 흔적을 남기며
사랑하며 사는
그대가 내 인연되었으면

제2부

낙엽

낙엽

변치 않는 사랑으로
멋진 동행 길에서
목숨이 낙엽 되는 날

그대와 나의 가슴엔
예쁜 낙엽 한 장으로 장식하며
추억의 향기로 담아두련다.

달음산

푸른 숲이 웅성거리는 여기

바람을 부르고
구름을 매달고

스치는 길손에게
그늘을 주며
한숨을 돌리게 하면서

스치는 바람결에
은빛 물결이 출렁이는 억새꽃의
향기를 실어
멀리멀리 퍼지게 하여서

그리운 고향 향기가 생각나면
언제나 찾아오라고.

동굴 인연 (장가계)

모처럼 나선 여행길
말없는 눈빛으로 걷는 시간
계곡을 돌아보며
천년 동굴의 종유석 신비를
바라보는 동안
임의 눈빛은 빛나고 있다

한걸음씩 조심히 걷는 만큼
가까이 다가가고
새로운 마음을 얻고
종유석 아름다움을 저장하는
이 시간은
새 풍경 속으로
젖어 간다

만남

반짝이는 쪽빛 바다
광채를 타고 온 그대들
초롱초롱한 그대들의 눈빛은
양귀비와 장미의 만남처럼
달콤함을 느낍니다

미소가 뭉쳐서 꽃을 피우고
제각기 가진 색깔을 보이며
생기가 넘치는 꽃으로
산 능선에 심어 아름다움으로
기쁨을 얻게 하렵니다

그대들의 한마디 한마디의
고운소리를 접어서
가슴에 담아놓고
이별의 아쉬움을 그리움으로 저장하며
오늘 만남을
삶 속에 행복의 향기로 남기겠습니다

그리움이 올 때는
한 장씩 꺼내어 향기를 맡으며
또 그대들의 만남을 기다리며
젖은 입술로 그대의 마음을 녹입니다.

들꽃의 친구

말없이 길가에
웃음을 주는 꽃
누가 찾지 않아도
늘 계절에 움츠리며
향기를 만든다

언제는
나를 찾아온다는 심정으로
기다리는 마음이 있는
가냘픈 꽃이지만

섬세함과
예쁜 꽃술의 향기가 있는 벗으로
가끔 그 자리를 찾는다.

목련꽃

혹한을 견디며 겨울이 지났다

설레는 봄을 기다리며
빨간 꽃봉오리를 만들고 있으니
하얀 눈송이가 엮어
살짝 웃고 있다

모처럼 내린 눈꽃의 풍광
훈훈한 마음을 주면서
새 옷을 입힌 눈송이는
목련의 상큼한 향기에 젖는다

소복이 쌓인 눈길을
사색하며 걸어가는데
함박눈이 이마를 집는다.

무섬마을에서

휘어진 물줄기가 감싸고 있었다
오랜 세월이 고운풍광을 만든 무섬마을
초가지붕에 까치구멍을 만들어
삶을 윤택하게 계절의 효과를 살린
지혜의 깊이가 보인다

외다리를 걸어가니 일출 같은 기쁨
줄 장미 같이 이어지는 정은
창공을 솟아오르는 비둘기 같은 마음
외다리를 감싸고 있는
은빛 물결이 잡고 있어 곱다

해지는 풍광은 마을을 붉게 빛나게 하며
강물이 반짝이는 둑길에서
마을을 돌아보니
서산에 지는 붉은 석양이 어깨를 짚는다.

바람

바람은 막힌 곳이나
수증기 위에도 불고 있다
보이지 않는 힘을 가지고
잡을 수 없어도 스치며 다닌다
끊임없이 계속 불어도
다시 오지 않고
지나는 바람은 반복의 만남이며
종창역이 없는 철길이다.

백목련

햇살이 등에 비치니
하얀 드레스가 반짝인다

부끄러워 그늘을 찾는 표정
하늘을 보는 백옥의 미소

사월의 하늬바람에
벗어버리는 옷은

땅바닥에 이리저리 뒹굴고
황금노을빛에 붉어진 표정에 정든다.

백양산

편백나무 사이로
걸어오는 실바람
향기에 젖어서
숲에 앉아버렸다

비행하는 한 장의 낙엽을 보니
한 계절에
싱그러움 준 것도
시간의 흐름에
이리저리 굴러다니고

새싹을 준비하는 숨은 마음
무한의 사랑을 기다리는
새봄에 새 미소가 되겠지.

백양산을 오르며

호젓한 5월
몇몇 동인과 햇살 내리는
산행 길엔
편백나무가 우거지고
약수가 흐르고 시가 있어
한편시를 읽어 보고
불어오는 잔잔한 바람에
춤추는 이파리 그림자는 살아 있네

한참 바위에 앉아 덕담과
쉼을 가지며
과일을 나누어 먹는 시간은
여백의 공간이다

다시 또 가파른 산길을 올라가며
산행의 맛을 느끼는 것은
청청 공기 마시며 걷는 것이
묘미라고 본다.

뱃사장

밀려왔다 밀려가는 썰물
자연과 사랑으로
더러운 것을 쓸어가면서
새 마음 주려고

빤히 쳐다보는데
허연 거품으로 밀고 오면서
우울의 마음에 그리움 만들어 주네

칼바람이 스치는 곳에서도
보고픈 임을
미소를 짓는다.

보람2

새벽에 여명을 보며
이곳으로 모여든 마음
훨훨 가벼운 마음으로
아련한 추억의 시간을
꽃처럼 기쁨으로

아름다움은 눈으로 새기며
가슴 뿌듯한 시간을 만들어
여기 인연의 만남이
새로운 이정표가 되어

짧은 시간에 긴 여운을 만들며
가슴에 저장하며

청옥이란 문학의 길을 새겨서
번갯불 같은 인생을
보람을 만드는 목련꽃 향기처럼
멋진 글을 쓰며 흔적을 남기면
보람이 되지 않을까.

봄

그리움이 그대를 쳐다 볼 때
그곳을 향해 바라보면
뭉게구름 사이로
미소가 보일 것이다

저 산 넘어 새로운 세상은
봄꽃으로 손짓하고
추운 겨울에 움츠린 마음은
그리움으로

그대를 찾는
목련 꽃봉오리를 펼치는 향기
그대의 가슴에
하얀 그리움으로 안기고 싶다

봄꽃

봄꽃의 파도는
꽃향기 타고
휘날리는 꽃비를 맞으며
상쾌함에 젖어 본다

꽃잎을 떨어뜨리며
배웅하는 꽃 잔치에 젖어
바람타고 가는 마음은
조용한 산 여울에 앉아
그대의 고운 숨결을 느낀다

이슬 삼킨 꽃잎의
토해내는 향기에 취하는
짧은 만남의 시간은
고운 소리에 취해 눈을 감는다.

봄비

아침부터 촉촉이 비가 내리니
어디론 가고 싶고
갈증을 느끼는 새싹의
마음에 젖어 본다

빗길 사이로 희미하게 그려지는
그리움 찾으며
울적함이 생기면
젖은 내 가슴에 가득한 아쉬움
날려 보내려고
해안 길을 달려본다

휘청거리는 가로수가
웃으며 흔들고 있어
어딘가 있을 그리움 찾고 있는지
내 그리움이 찾아와
올적함의 사라지련지.

비

쏟아지는 비에는
옷이 젖고

사무친 그리움에는
마음이 젖어서

비 내리는 공간을 쾌청하게
할 수 없어

시간을 기다리는 수밖에

빗물

많은 비가오니
희뿌연 그림자가 젖었고
그대를 보고파하니
창살에 걸린 마음이 젖었고

휘청거리며 율동하는 벚나무는
비바람에 몸을 가누지 못해도
제자리에서 변치 않는 마음은 그대로 있어
잠시 사색에 젖는다

창가에 앉아 빗줄기 사이로
피해오는 바람
창살에 앉게 하는 물방울은

낭 끝*에서 용암으로
희망을 만드는 영롱함을 보면서
빗소리는
그대의 고운 소리로 생각하며…

* 낭끝 : 벼랑끝

빗속에 동행

우연히 만난 그대 운무 속 스며들며
내 가슴 젖서 놓은 정겨운 한마디로
내 눈에 투영된 시간 각인되는 그리움

가슴에 담아놓은 지나온 발자취는
정 쌓인 마음속은 상처가 생겨 있고
아픔도 세월이 가면 치유되어 가겠지

제3부

빗줄기

빗줄기

소나기에 옷이 젖고
그대 생각에 마음이 젖었다

몸을 가눌 수 없는
세찬 비바람에도
꿈쩍이지 않는 마음에 스민 사색

창틀에 맺힌
빗방울의 영롱함에
그대 고운 음성을 엮고
섞이지 않을
빗줄기를 세어 본다
한줄기
또
한줄기

빛깔은 블루

건들바람* 따라 가는
싱그러운 아침
이슬처럼 맑은 마음
희망을 부르는 빛나는 빛깔은 블루다

파란장미의 감미로운 속살에 젖어
독특한 향기에 헤어나지 못하고
고운매가 있는 그대와 나는
다솜*으로 가는 것이다

한 걸음씩 걸어가며
한 모금 마시는
천연의 향기는 눈정*이 생겨
가슴이 울렁거린다

그대와 나
손잡고 가는 이 길은 청춘이며
파라다이스로 가는 길이고
달콤한 향기가 돌아가는 곳이다

* 건들바람 : 초가을에 선들 선들 부는 바람
* 다솜 : 사랑
* 눈정 : 보고 느끼는 정분

사색

잊을 수 없는 날이다

마음이 울적하여 보낸 문자에
바람을 가르며 달려온 따스함

까치 노을 같은 향기의 마음은
두고두고 떠날 수 없는 그리움으로
따스한 한마디의 시간은 추억이 되었네

내 가슴에 묻힌 사랑
보고파지면
반짝이는 별빛을 새어 보며
어느 시간이 좋을까 생각에 빠진다.

살다 보면

살다보면 바람처럼 지나가며
기쁨도 주고 아픔도 남기고
지나가겠지

그저 좋은 모습만 남기지 않겠지
꽃도 시들고 새싹도 피고
상처를 남겨도 세월에 소멸 될 때 까지
시간은 고뇌가 생기겠지

그러나 업으로 보고 감수하면
마음 밭에 기쁜 일도 생기고
새향기도 오겠지

삶의 마음

살아가는데 넉넉한 마음은
배려하는 마음을 칭찬을 하는 것이다
청 빛 하늘을 바라보며
넓은 마음을 만들고

보름달처럼 환한 미소로
온 누리를 비추며
그늘이 있는 작은 곳까지
찾아가 따스함을 전하는 것이다

삶은 얻는 성취보다
즐기며 사는 것이며
함께 사는 미덕으로
사랑을 위트*하는 행동으로
희망을 만들어 기쁨을 나누는 것이다.

* 위트 : 타인을 기쁘게 즐기도록 기발하게 표현하는 능력

삼강매 꽃 (귀양)

풍경이 빼어난 대국
입구에 안내하는 빨간 꽃
월계관을 만들어 판매하고
배품의 마음은
향기와 기쁨을 준다

땡볕에 월계관을 쓰고 산새를 돌아보며
기쁨을 만드는 지혜
삶의 일부가 되는 원주민의
고운 풍습을 전하는 마음이다

한참 만에 처음자리로 오니
다양한 모습을 본 즐거움이 남는다

새벽안개

이른 새벽
길을 나서는 그대는
푸른 잎에 앉은
하얀 서리꽃처럼
잠시 머뭇거린다

덮어주는 사랑도
햇살이 찾아오면
훌훌 떠나는 임은
훗날을 기약하는 미련을 두고

먼발치에서
사색하는 마음을 남기며
사라지는 그림자.

새벽길

여명을 밀어내는 시간에
새벽길 걷는 길옆에는
반짝거리는
들꽃을 만납니다

살포시 웃는 미소는
발길을 멈추게 하며
들녘에 햇살을 안고 있는
예쁜 야생 꽃은
기쁨이 생기며
상쾌함을 줍니다

즐거움이 있는 하루의 시작은
노란색이 어울리는
금계국을 보기위해
좌광천을 찾아 눈인사를 하고
하루를 출발합니다.

석양

바다 풍경이 아름다운
아름다운 카페에서
훈훈한 분위기를 먹으며
창가에 걸려있는 붉은
석양을 보았다

너무 황홀하여
가까이 잡아보려 언덕에 올랐다
순간에 숨어버린 석양
하늘만 붉게 물들이고 떠났다

멍하니 허공에 잔상을 바라보다

삶에도 시간의 필요성이 있다고
지나는 바람이 일깨워준다.

세월에 앉은 사랑

이른 새벽 두드린 창문을 보니
흔적 없이 잠 깨운 바람이 걸어가
뒷산 언덕에 시선을 내려놓자

이파리에 앉은 연서리꽃
뽀얀 미소를 짓고
여린 풀잎을 흔드는
작은 소리에 젖었다

비 온 뒤 고운 빛깔로 나타난 무지개의 다솜
꿈길 같이 깊게 숨겨놓은
인생의 게시판을 세우면
훗날 향기를 만들어 놓은 보석으로
보람의 꽃이 피겠지

삶의 바람 돌아보면
어느새 중천을 지나간 시절
서쪽엔 산국山菊 한 송이 피우고 있어
행복의 그림자를 만드는 사랑을 주며
건들바람에 조이는 가슴 감싸 안고 뛰어가니
햇귀 하나 웃고 있다.

소심 란

창틈으로
스며드는 바람을 타고
향기로 잠을 깨운다

우아한 자태 속에 핀 꽃
햇살에 미소를 짓고 있다

밤새 머물고 있다가
아침에 웃는지
붙잡힌 향기에
떠나지 못하고
머뭇거린다.

솔마루 공원

세월이 만든 예술이
버티는 모전리 소나무

작은 숲길의 향기는
여유의 공간을 만드는 쉼터
한 장씩 접는 세월에
자주 볼수록 새 정이 생겨서
찾게 되는 여기

단풍잎 하나씩 모우면서
새 계절의 맛을 느끼며
향기를 모아서 추억에 담는다.

송도에서

여기저기서 웅성거린다
왁자지껄 모인
회원의 인사는 부딪치고
박수 소리도 아우성이다

이 밤 추억에 쌓이는 소리는
내 심장 쿵쿵거리게 하여
즐거움이 생긴다

밤바다 파도는
줄 행랑 치는지 소리 지르고
반짝이는 불빛아래 기쁨이 되어
내 마음도
파도처럼 출렁인다.

숲 길 (장산에서)

얼룩하게 하나씩 걸치는 잎새는
가슴에 추억을 만든다

솔향기가 맴도는 잎들은
사랑을 간직한 채
변신의 날을 기다리며
마지막 장식으로
변해보려는
그대는 그리움을 준다

변색의 임은
오색의 미모를 자랑하려고
바람결에 휘날리며
미소 짓고 있네

신원사

산사에 내리는 눈은
귓전을 스치는 마음인가
그대의 포근한 마음인가

고즈넉한 풍경에
내리는 눈은
주는 사랑 배품의 마음인지

어디서 오는지
함박눈 사랑은
여기의 사랑이다

억새꽃

인생은 억새꽃처럼
무리지어 어울리며 사는 삶
억새꽃은 모여 있어야 맛깔스럽다

가지런한 모습으로 흔들며
역광을 받으면 속살까지 붉게
보여주는 모습
오래 살면 백발이 되는 것처럼
은빛으로 흩날리는 꽃으로

그리움의 띠를 만들어
가슴이 두근거리게 하여
늘 찾아가게 만들고 있다.

여정

그대와 함께 가는 행로
엄동설한 긴긴 밤도
짧게 느껴진다

눈빛으로 미소를 머금고
바람에 실어 보는 대화
차창에 걸린 풍경 속

굴참나무 잎사귀처럼
싱그러운 마음은
장미의 속살 같은
부드러움에 아롱질 듯

세상사 힘들 때 별빛을 바라보며
반짝이는 눈빛에
가는 시간 잠재우며
여행길에 흔적을 남긴다.

여행

하얀 파도가 밀려오는 바닷가
고즈넉한 카페에 앉아
아메리카 커피를 마시면서
향기에 젖는 것은 멋진 사색이며

여기저기 풍경을 보고 가슴에 담으며
기쁨을 만들어 보는 것이 아름다우며
늘 인생은
새로운 만남을 동경하며
살아가는 것이다

잊어버린 일들도 뒤돌아보면
문뜩 기억이 날 때도 있고
가을에 낙엽이 변색하는 시간은
짧은 여행이며
인생은 그리워하며 사랑하고
흔적을 남기며 기쁨을 만들며
한평생을 살고 떠나는 여행이다.

제4부

연꽃

연꽃

넓은 잎의 마음처럼
싱그러움을 주며
예쁜 꽃향기를 주고

칠월의 더위에 꽃을 피워
붉은 기운이 맴돌게 하는 꽃

개흙에도 아랑곳 않고
백련 꽃을 피우는 숨은 마음
만나기를 손꼽아 본다.

연서리 꽃

푸른 잎이 있는 곳엔
새벽이면 그대가 온다
가냘픈 잎들이 하늘거리는
끝자락을 살포시 적셔주며
감추어진 마음도 그대는 안다

너무 짧은 시간
햇살이 찾으면 떠나야하는데
사랑하는 마음 아쉬워하며

돌아볼 여유도 없이
훌훌 떠나는 그대가 보고파지면
여명이 있는 새벽이면
사랑을 그리워 찾아 나선다.

외다리

휘어진 물줄기 안은 풍진세월
고운 풍광을 만든 무섬

외다리 걸어가니
아장거리는 아기 걸음 생각나네

줄 장미처럼 이어지는 정은
창공을 솟아오르는
독수리 같은 마음

은 빛 물결이 찰랑이는 둑길
서산을 넘는 석양이
어깨를 잡는다.

웃는 날을 기다리며

사명감 없는 리드로 인하여
아까운 생명을 차디찬 바다에 던져
바다도 억울해 강하게 파도치고 소리를 낸다

붉게 타는 하늘이 보고 있어도
구할 수 없어 스치고 지나가는 바람 같은 것
얼마나 아픔이 클까 생각할수록 어처구니가 없다

암흑에 머무는 순간의 마음을 잘 조절해야 하는지
알려 줄 수도 없는 일

이제 돌아올 수 없는 길을 갔으니
처음엔 힘든 선택이지만 인내하면서
하늘과 손을 잡으며 희망을 만들어
아픔을 치료하고 상처를 아물게 하여
미소를 만들어야겠지

이미 주사위는 던졌으니
힘들 때는 향기가 머물게 하여
웃음꽃을 따는 그날을 위해 끊임없이 전진하면
어둠이 지나가고 반짝이는 별은
내 옆에 있을 것이라고
가슴에 묻은 자식을 위해 기도하는 것이다

세월을 탓하는 세월호가 원망스럽다.

월령산 (계림)

봉우리가 많은 산중에
달같이 구멍이 있는 산을 보니
신비가 보인다

올라갈 수 없는
뾰족한 산이 대부분인
계림산을 바라보며

1000년의 세월에 뿌리 내린
생명력의 보리수 나무가 있고

숲이 우거진 산들이
어울리는 풍광에
마음을 내려 놓았다

유월에는

호국의 달은 한번쯤
진정 이 나라를 위해 생명을 바친
영령들의 숭고한 뜻을 새겨보며

수많은 세월에 아픔을 받아서
나라를 우뚝 서게 해야 한다

노려보는 북쪽이 있다는 것을 명심하고
어울림의 마음으로

향기를 만드는 나라가 되어야
고인들의 뜻에
조금이라도 보답하는 것이 아닐까.

이 가을밤에

봄에 시작 되어 겨울에 끝나는 한해가
가을이 되면 거둔 곡식으로
풍성한 마음이 되고
겨울을 준비하는 나무들의
의상 발표는 아름다움을 준다
그동안 배려의 마음으로 걸어온 이 길은
한그루 나무처럼
가을엔 변색하며 준비하는 것처럼
아름다운 마음을 만들어 주고 싶다
여기저기 들녘의 색깔처럼
어려움도 아픔도
타인을 위한 것이라 생각하면
마음에 덕이 생기는 것이다
고즈넉한 향기를 보내어 기쁨을 주고
노을빛에 물든 국화꽃보다 아름답게
고운 사람들과
이 가을의 밤에 젖어보고 싶다.

이강유람

강을 배를 타고 둘러보며
수많은 푸른 봉우리 산이 수천 개
산이 이렇게 아름다울 수가 있을 까

명산으로 이어지는 계림
뾰쪽한 산이 특징이다

관광객을 위한 인조 물고기는
강을 회유하고 있는 것은
참으로 장관이다
사진 한 장 기념으로 남긴다.

이팝꽃

늦봄에 하얗게 모여 있다
쌀밥을 비교해 마음달래는
설이 있는 꽃을 만나면 즐거워진다

요즘은 도로마다 흔히 보이며
초여름이 되기 전에 하얗게 기쁨 주는
꽃길로 걸어가면 실바람에
한 잎씩 내려와 어깨에 앉는다

마음이 넉넉해지는
구수한 꽃향기로
봄의 사랑을 느낀다.

인삼유삼제

강을 배경으로 벌리는 공연
인공적으로 진행되는
감동 주는 반달의 모형에
무용하는 모습과 600명의
연극인이 동원

대단한 연출로
한번에 3000명이 관람하는
대단한 공연 후 귀치레*하고

이 작품을 만든 사람의
정신을 잠시 생각해 보았다.

* 귀치레 : 듣는 재미

인생은 억새꽃 닮았다

무리지어야 어울리는 모습
억새꽃도 무리지어야 맛깔스럽다

가지런한 모습으로
역광을 받으면 붉게 속살까지
보여주는 그대다

오래 살면 백발이 되는 것처럼
백발로 휘 날리며
은빛 띠를 두른 사랑
그리움을 만들고 있다

그대가 그리워
그림자를 밟고 싶은
나의 숨결이 두근거리고 있다

인생은 여행이다

툭툭 떨어지는 낙엽 길을 걸어가면서
낙엽 한 잎을 주워 손에 얹어놓고
떠나온 나무를 바라본다
흐르는 계곡에 물줄기를 바라보면서
소리 없이 가는 세월에 사는
자신을 돌아본다

고목나무도 세월에 늙어 가며
형태가 변하는 것을 보고
인생은 늙어 가면서 하고픈 일을 하여
추억을 남기는 것은 매력이며
잠시 쉬게 하는 여유를 주는 것이다

인연 따라

물결처럼 잔잔히 흐르는 세월
무지갯빛이 있는 곳을 찾아
밤새 뒤척이며 잠을 설치고
여명에서 준비하며
향기 찾아 길을 나선다.

인연의 고리는 필연으로
예정된 만남의 길이며
정을 만들어 추억을 쌓는
행복을 저장하려고
산들 바람 부는 황금노을에
숨은 그림자 찾아서.

인연

이 가을
인연을 옆에 두고
고즈넉한 찻집에서
가을의 국화처럼
어울리는 그대와
차 향기에 젖는다

억새꽃같이
햇살에 반짝이며
바람과 어울리는 것처럼
이 가슴에
그대와 인연으로
추억의 가을로 저장하련다.

일출

새 빛을
가운데 모았다

막 피어오르는 햇귀
바다를 물들인다

어둠을 즐기던 것은
모두가 사람지고

비상의 소리와 함께
바다는 붉게 변한다.

임 향기

멀리서 바라보는 마음이
오늘 하루는 다정히 손을 잡고
파도소리 들으며 이곳저곳 구경을 하며
새 향기를 만든다

가까이 바라보며 속내를 알 수 있어
가슴이 두근거리는
동행의 인연은 기쁨이 생기는 것이다

희망은 가지면 길이 생긴다는 말
생각나는 하루의 시간
어찌 짧은지 조금씩 깊어지는 시간에
정이 쌓인다

여기저기 기념을 남기는 걸음은
살속이 생겨 문학의 향기를 만들련다.

장미꽃

반짝거리는 빨간 광채
깃발처럼 손짓하는
그대 정영 아름다움에
마음은 빼앗기고 있다

까만 꽃잎에 끝에 달린
하늘은 흔들리고
그대의 두근거리는
소리가 들린다

산그늘 아래 줄 장미와 손잡고
추억의 그늘로
망태기에 담은
그리움은 행복으로 온다.

– 시작노트 –
5월이 되면 뒷산 언덕에 줄 장미
향기가 그리워져 찾아가서
만져보고 향기 담아오는 시간은
기쁨이 만들어져서
장미꽃이 좋아 쓴 것입니다.

전자 바이올린

감동의 시간을 만드는 제조사
가지 끝마다 부딪치는
자연의 순백보다
맑은 음률로 도취되는 시간

리듬의 강약에 젖고
아름다운 모습으로 켜는
환상의 음악에 심취 되었다

해와 달이 있듯이
잘 어울리는 의상과 바이올린 켜는 모습
관중의 귓전에 머물게 되었다

절미 천문산

비경 속에 빼어난 광경
높은 고지에 구멍 난 천문산
케이블로 올라가고 리프트타고
경관을 살피며 귀곡반도 유리반도를 걸어본다

절벽에 붙은 반도의 기술을 보며
세계 최고를 주장하는 정신을 보았고
지하 80미터 길이 에스컬레이터 13개를
터널로 만든 기술에 젖어보며 하산하였다

광장에서 기념촬영하고
버스로 내려오는 길 구비 구비 돌아가는 도로
35분의 소비시간은 과연 높은 천문산의
사랑을 얻어 간다.

제5부

제2석굴암

제2석굴암 가는 길

빗물 사이로 흐르는
소리도 향기가 되며
깊게 숨은 색깔은
뒤를 돌아보게 한다

사찰을 찾는 마음이 모여
함께 가는 지금은
즐거움이 되어 스치는 풍경도
추억이 된다

비옥한 땅에서 자란 꽃처럼
바람 타는 그리움을
사랑으로 접어 두는 마음은
미소를 만드는 시간이다.

좌광천

병산에서 내려오는 물길 따라
좌광천은 건강 30리 길이 있어
달빛의 손짓 따라 걸어본다

가끔 나타나는 그림자와
산들바람 따라 동행하며
사색하는 시간은
나만의 속삭임이다

별빛이 쏟아지는 밤
이름 모를 들꽃과 마주쳐
귓속말로 인사를 하면
꽃향기를 품는다

오색 조명 빛 보면서 걸어가면
귓불을 스치는 바람은
그리움으로 다가온다.

좌광천에서

이른 아침
옷깃을 날리는 바람
반짝거리는
금계국 노란 미소는
발길을 잡는다

들녘에 햇살 받아 웃는
예쁜 야생 꽃은 기쁨이 생기며
상쾌함을 주는
금계국을 만나면
더욱 정감이 간다

즐거움이 있는 하루를 만들려고
노란색이 어울리는 야생 꽃을 보기위해
새벽이면 좌광천을 걸어가
금계국과 눈인사를 하고
하루를 출발한다.

줄서기

좋은 곳을 찾아 줄서기를 잘 해야
삶에 기쁨이 있으며
잘못서면 기쁨도 없고
괴로움만 생긴다

어느 말이 옳은지 잘보고 선택해야
좋은 세상을 만드는 것이니
진심을 보고 줄을 서야한다.

내 마음의 그림을 찾아
좋게 사용하여 기쁨을 전하고
멋진 말을 해 에너지를 전할 때
선업통장에 저축된다

이 계절에 가장 좋은 향기를 얻어
새 기운을 받을 수 있도록
좋은 소리 나는 곳에 줄을 서야
행복의 삶이 된다.

지나는 바람소리

열매는 때가 맞아야 결실을 맺고
바람은 나무사이로 휘 하며
소리를 내고 지나가면
새길이 생긴다

억새꽃은 가을이 되어야 멋을 내고
가실 볕에 꽃을 피우는 국화꽃은
고운 마음을 주는 꽃이다

인생은 기쁨을 찾지 않으면
즐거움은 지나가는 것
기회를 놓치지 말아야 한다

노을에 물든 억새꽃처럼
아름다움은 만나야 한다고
지나는 바람이 일깨어 준다.

참 인연

우연 속에 인연
운무 속에 스며들어
내 가슴 적셔놓은 한마디

모퉁이에 선 사랑이
내게 투영된 시간
각인 된 그리움

남은 인생길
정을 키우며
금자탑 쌓는 사랑으로
함께 걷고 싶은 마음

천문산 율동

천문산 가는 길에
감동과 웃음을 주려는 마음
천혜의 경관 속에
원주민의 삶은 노래로 환영하는 음악이다

많은 시선이 있는 곳에서
경쾌함을 주려는 나비 같은 율동
웃음과 기쁨 주며
흥겨움에 도취하는 포즈는
모두가 걸음을 멈추고
감동의 박수를 보낸다

아름다움을 표현하는 용기에
함께 산을 타는 사람들은 기쁨이 되어
가는 길을 경쾌하게 만들어준
마음은 기쁨이 쌓인다.

첫눈을 보며

푸른 소나무가
하얀 순백이 된 풍경
새 마음을 주는 아침

엊그제 만남에 미소 짓는 시간
고운 소리 전하는 기타보다 더
가치노을처럼 기쁨이 생겼다

실바람에 묻어오는 정감
은은히 스며드는 향기는
삶에 살속이 생겨 행복이 온다

삶의 인연에 긴 여운이 남는 것은
향기 있는 난 꽃보다 더
눈 정이 생기는 인연이다.

초파일의 하루

오색 연등이 형형색색으로
어둠을 기다리고 있고
고운 옷 입은 단원들의
찬불 소리는 꽃잎도 덩실거린다.

해지기를 기다리는 연등은
새 풍경을 만들어 발길을 멈추게 하고
모처럼 만남 불자들과 인사는
정겨운 마음이 살아난다

대문 없는 곳에 고운 손놀림으로
맛을 만드는 손길은
보시의 불빛 쏟아지니
연못에 연꽃은 미소를 짓는다

흐릿한 하늘은 햇살에 밀려 사라지고
차 향기 스며드는 산사엔 부산한 하루
줄지어 등불에 꼬리를 달아주는 손길은
마음속까지 훤해진다.

코스모스

분홍빛 아름다움
하늘거리는 몸놀림은
가는 길 막는다

멀리서 몸짓에
정감이 생겨 옆에 앉아
향기를 맡으며

떠나기 싫어 같이 놀다
해가 저물어 작별을 한다

편지

그리움이 생기면 편지를 쓴다

보고 싶다
무엇을 하고 있는지 답이 없어도
보낼 수 있는 그대가 있어
기쁨을 만들 수 있다

하얀 종이에 예쁘게 기록하여
빨간 우체통에 살짝 넣으면
보고픈 마음이 함께 보내어 진다

어둠이 생기고 날이 밝으면
편지함을 보게 되어
소식이 기다려지네

폭포

쏟아지는 우렁찬 폭포
주위에 환호성과 물보라에
옷이 젖어도 기쁨은 부풀고 있다

거대한 물줄기에 도취되는
대륙의 웅장함이 보인다
빛나는 광경이 저장되고

폭포수의 아낌없는
물줄기처럼
삶도 힘차게
전진의 날만 되었으며
끊임없이 떨어지는 물줄기처럼

풀잎

작은 잎을 흔드는 간들바람
하늘거리며 손짓하는 너

그대의 사랑으로 흠뻑 젖어
밝은 미소로 웃고
삶이 고달프고 괴로울 때
흐르는 눈물은 자국이 없도록 닦으면서

아픔의 시간 지나고 나면
환한 달빛이 찾아오는 기쁨
행복으로 웃는 그대는
풀잎의 마음이다.

해남 가는 길

해남 가자고 문자를 받았다
미리 준비를 해 놓아도 마음은 바쁘고
새벽길 나서는데
빗님이 마중하니 걸음이 빨라진다

기다리는 임들이 반갑고 기쁨으로 인사하고
환희의 만남으로 차를 타고 가니
차창에 뚝뚝 떨어지는 빗방울을 바라보며

어눌한 날씨라도
해남 가는 마음은 부풀어 있어서
기쁨이 생기는 것이다

나 혼자 사색할 수 있는 시간
새봄에 참꽃을 기다리는 마음처럼
향기는 코끝에 스며든다

한순간의 스치는 짧은 시간을
추억으로 붙잡아 보고 싶다.

향기

피고 지는 꽃향기를 만난다

영롱한 빛깔 속
따스한 허브의 사랑
눈으로 새기며

햇빛 투영에
반짝거리는 녹 빛 살결
양귀비 속살 홍조紅潮

그대들을 붙잡고
향긋한 로즈마리 향내와
라벤더의 그윽함에 감동하니
깜박할 새 하루해가 어깨를 누른다.

– 시작노트 –
양산에 있는 허브농장에서 상쾌한 향기에 젖어서
한잠 살피고 쓴 것입니다.

화제마을

고향의 흙냄새가 나는
안개 낀 산중턱엔
목련꽃이 웃는다

텃밭에 풍성한 체소를 보며
가마솥 아궁이 불을 피우는 것은
추억의 책이다

함께 모인 그대들과
일출을 보며 웃음꽃 피워보니
벌써 시간은 중천을 지났다

하루의 추억을 만들어 떠나려 생각하니
그리움이 남아 발이 떨어지지 않고
갈려니 갈려고 해도 마음을 붙잡고 있네.

화제마을의 하루

푸른 풍광이 깔려 있는 곳이다
아늑한 그리움을 주어
풍기는 흙냄새가 추억을 살리고
마주 보이는 산중턱 댓잎 끝에 달린
구름을 흔들고 있다

예쁘게 가꾼 텃밭에 옹기종기 모인 채소
한 움큼 따 바구니에 담아가지고
부엌으로 가니 아궁이 불꽃이
활활 타오른다

일행은 갖가지 채소를 앞에 두고 기다리고
점심을 준비하는 그대들을 보니
선녀 같다

함께 웃음꽃 피워보니
벌써 해가 중천을 지나며 붉게 타고
하루의 추억을 만들고 떠나려니
마음을 붙잡고 놓아주지 않는다.

황과수 폭포

우렁차게 쏟아지는 폭포
물소리는 귀로 즐기고
눈이 즐겁고
환호성과 물보라는
옷이 젖어도 즐거움이 가득

거대한 물줄기에 도취되는
웅장한 폭포의
빼어난 광경은 저장되었다

폭포뒤 천연동굴 중간 수렴 동에서
바라보는 물줄기의
새로운 멋을 느끼고
폭포수의 아낌없는 물줄기처럼
삶도 힘차게
끊임없이 떨어지는 물줄기같이

| 해설 |

경험의 진폭과 서정적 진실

임종성(시인, 문학평론가, 문학박사)

1. 날것의 시

시는 시만으로 이해되고 파악되어야 한다. 시 바깥에 있는 말들은 부스러기에 지나지 않는다. 시 바깥의 이야기는 언제나 쓸쓸한 분위기를 자아낸다. 시는 날것이며 생물인 것이어서 알몸으로 드러나야 한다. 이를테면 지용의 [유리창]에 나오는 '외로운 황홀한 심사'로 수긍되는 진실이며 아름다움이다. 시는 지식이나 관념이 아니다. 그래서 시는 산문으로 해석되지 않는다.

2. 생의 내면과 사색

살다보면 바람처럼 지나가며
기쁨도 주고 아픔도 남기고

지나가겠지

그저 좋은 모습만 남기지 않겠지
꽃도 시들고 새싹도 피고
상처를 남겨도 세월에 소멸될 때까지
시간은 고뇌가 생기겠지

그러나 업으로 보고 감수하면
마음 밭에 기쁜 일도 생기고
새 향기도 오겠지.

「살다 보면」 전문

우리가 살아 있다는 것은 낮게나 낮게 흐르는 물소리를 듣는 것이며, 나비의 가쁜 숨소리에 귀를 맡기는 일이며, 풀꽃들이 바람을 흔들고 바람에 흔들리는 소리를 듣는 일이 아닌가 한다. 화자의 목소리는 시간이나 생의 내면에 대한 아주 낮은 자각적 독백이다.

〈살다 보면 바람처럼 지나가다/기쁨도 주고 아픔도 남기고/지나가겠지〉 같은 언사는 생을 넌지시 관조하고 달관하는 자연스러운 사유다. 이러한 생은 익어가는 과일 같다. 그 속에 씨앗이 깃들어 있는 듯 생 속에 죽음이 도사리고 있다. 죽음이 없으면 한 순간도 살지 못한다. 생이 죽음에 안기도 죽음이 생을 안고 있는 것이다.

이제 돌아올 수 없는 길을 갔으니
처음엔 힘든 선택이지만 인내하면
하늘과 손을 잡으며 희망을 만들어

아픔을 치료하고 상처를 아물게 하여
미소를 만들어야겠지.

이미 주사위는 던졌으니
힘들 때는 향기가 머물게 하여
웃음꽃을 따는 그날을 위해 끊임없이 전진하면
어둠이 지나가고 반짝이는 별은
내 옆에 있을 것이라고
가슴에 묻은 자식을 위해 기도하는 것이다

세월을 탓하는 세월호가 원망스럽다.

「웃는 날 기다리며」 부분

기쁘고 즐거운 수학여행 길에 나선 수백 명의 어린 아이들이 사회와 국가의 무책임과 안이한 태도에 수장된 세월호 사건은 참혹한 비극이다.

그럼에도 불구하고 화자는 〈아픔을 치료하고 상처를 아물게 하여/미소를 만들어야겠지〉 라며 애써 슬픔을 견디고 다스리며 생에 대한 뼈아픈 긍정을 이끌어내고 있다. 슬픔에 선을 긋고 웃는 날을 기다리는 자세는 의연하다. F.W 니체는 "웃음을 포함하지 않은 진리는 진리가 아니다."고 말했다. 바람직한 생의 길을 나서는 것은 사색에 기대지 않으면 안 된다.

잊을 수 없는 일이다.

마음이 울적하여 보낸 문자에
바람을 가르며 달려온 따스함

까치 노을 같은 향기의 마음은
두고두고 떠날 수 없는 그리움으로
따스한 한마디의 시간은 추억이 되었네

내 가슴에 묻힌 사랑
보고파지면
반짝이는 별빛을 새어 보며
어느 시간이 좋을까 생각에 빠진다. 「사색」 전문

그대들의 한마디 한마디의
고운 소리를 접어서
가슴에 담아 놓고
이별의 아쉬움을 그리움으로 저장하며
오늘 만남을
삶 속에 행복의 향기로 남기겠습니다.

그리움이 올 때는
한 장씩 꺼내어 향기를 맡으며
또 그대들의 만남을 기다리며
젖은 입술로 그대의 마음을 녹입니다. 「만남」 부분

우리의 생은 숱한 만남을 통해 전개된다. 화자는 〈이별의 아쉬움을 그리움으로 저장하며/오늘 만남〉을 기다린다. 이러한 만남은 〈부끄러워 그늘을 찾는 표정〉 (「백목련」)처럼 사랑을 싹 트게 한다.

아려오는 아픔도 보고픔이 된다

그리워하는 마음을 만들어
내 속에 담아 둔 마음
비 내리는 날이면
물방울로 전해야 되는지

우연의 만남이
깊어 가는 인연을 만드는지
함께하는 시간은
속내를 알지 못해도
응시하며 헤어지면 아쉬움이 남는다

달콤한 사랑을 만들고
싶지만....

「가슴에 있는 사랑」 전문

스탕달은 "사랑해서 사랑을 잃는 것은 전연 사랑하지 않는 것보다 낫다"고 말했다. 진실된 사랑은 신이 사람에게만 주는 선물인 것이다.

정열적이 사랑을 해 보지 못한 사람은 인생의 대부분을 잃어버린 것과 같다. 화자는 사랑이 〈그리워하는 마음〉을 갖게 한다고 들려준다. 이러한 사랑의 대상은 가슴에 있는 사람이다. 달콤한 사랑을 만들어 내고 싶은 것이다.

이른 새벽 두드린 창문을 보니
흔적 없이 잠 깨운 바람이 걸어가
뒷산 언덕에 시선을 내려놓자

이파리에 앉은 연서리꽃
뽀얀 미소를 짓고
여린 풀잎을 흔드는
작은 소리에 젖었다

비 온 뒤 고운 빛깔로 나타난 무지개의 다솜
꿈길 같이 깊게 숨겨놓은
인생의 게시판을 세우면
훗날 향기를 만들어 놓은 보석으로
보람의 꽃이 피겠지. 「세월에 앉은 사람」 부분

옛글에 "年年歲歲 花相同 歲歲年年 人不同" 해마다 피는 꽃은 같아 보이나 그 꽃을 바라보는 사람은 그때마다 달라 보인다는 뜻이다. 자연은 한결 같지만 그 자연을 영접하는 사람은 똑 같지 않은 것이다. 화자는 〈꿈길같이 깊게 숨겨놓은/인생의 게시판을 세우면 훗날 향기를 만들어 놓은 보석으로/보람의 꽃이 피겠지〉라고 짐작한다. 세월에 앉아 있는 사람은 비를 맞고 있다.

봄꽃의 파도는
꽃향기 타고
휘날리는 꽃비를 맞으며
상쾌함에 젖어 본다

꽃잎을 떨어뜨리며
배웅하는 꽃 잔치에 젖어
바람 타고 가는 마음은

조용한 산 여울에 앉아
그대의 고운 숨결을 느낀다

이슬 삼킨 꽃잎의
토해내는 향기에 취하는
짧은 만남의 시간은
고운 소리에 취해 눈을 감는다. 「봄꽃」 전문

이효석은 "봄꽃은 옷을 입고 치장한 여인이다". (「들」)고 말했다. 이러한 봄날의 이른 아침에 우리가 가장 먼저 할 일은 모래알 속의 샘물에 첨벙 두레박을 밀어 넣고 물 한 모금을 마시며 맑고 푸른 하늘을 바라보는 것이다.

화자는 〈봄꽃의 파도는/꽃향기 타고〉 싶은 충동에 상기되어 〈토해 내는 향기에 취하는〉 황홀경에 빠져 있다. 봄꽃의 자극적인 향기를 옮겨 받은 우리는 누구나 먼 길을 나서고 싶어 한다.

아름다운 구름 위에서
바라보는 신비로움 느낀다

보송보송한 구름과 구름이
악수하는 여러 모양이 움직이고
비행기는 제자리 있는 것 같아도
865킬로 가는 속도
흘러가는 구름은
그대의 고운 마음 같이
포근함을 느낀다

산을 만든 구름 위에
앉아 보는 기쁨
윙윙 하는 소리는 시간을 알리고
내 마음은 도착 시간을
하나 또 하나 세어본다. 「여행」 전문

여행은 사람을 겸허하게 한다. 세상에서 사람이 차지하는 입장이 얼마나 하찮은가를 두고두고 깨닫게 해주기 때문이다. 그것은 우리의 정신을 새롭고 젊어지게 한다. 그래서 여행의 지배소인 길들은 여러 풍경을 구비하여 보여 주어 〈산을 만든 구름 위에/앉아 보는 기쁨〉을 갖기도 한다.

그대와 함께 가는 행로
엄동설한 긴긴 밤도
짧게 느껴진다

눈빛으로 미소를 머금고
바람에 실어 보는 대화

차창에 걸린 풍경 속

굴참나무 잎사귀처럼
싱그러운 마음은
장이의 속살 같은
부드러움에 아롱질 듯

세상사 힘들 때 별빛을 바라보며
반짝이는 눈빛에

가는 시간 잠재우며
여행길에 흔적을 남긴다. 「여정」 전문

사랑하는 사람과 함께 나서는 여정의 발길은 가볍고 산뜻하다. 〈눈빛으로 미소를 머금고/ 바람에 실어 보는 대화/ 차창에 걸린 풍경 속〉을 헤쳐 가는 정감을 갖게 된다. 이러한 여행은 공간이나 거리 이동을 통한 비일상적 현장 체험이면서 떠나는 것이 아니라 참된 자기를 찾고 자기와 헤어져 돌아오는 것이다.

3. 경험의 진폭과 서정적 진실

나와 세계가 한 몸이라는 자각에서 생겨난 자아와 세계의 동일성은 끝없이 꿈꾸고 갈망하는 데서 찾아진다. 최경식 시인의 시집 『빛깔은 블루』는 생의 내면에 따른 깊은 사색과 만남을 통한 사랑의 지향, 격렬한 희망과 봄꽃의 향기를 안고 떠나는 먼 여정이 잠적되어 있으며 아름다움을 운율적으로 포착하여 다양한 경험의 진폭과 서정적 진실을 깊이 넓혀 확산하는 것으로 수긍된다.

최경식 제5시집

빛깔은 블루

인쇄일: 2016년 11월 1일
발행일: 2016년 11월 7일

지은이: 최경식
펴낸이: 최경식
펴낸곳: 도서출판 청옥문학사
인쇄처: 세종문화사

등록번호 제10-11-05호
E-mail: kyu500@hanmail.net
전화: 051-517-6068

값 10,000원

ISBN 978-89-97805-55-6 03810

이 도서의 국립중앙도서관 출판시도서목록(cip)은 서지정보유통지원시스템 홈페이지(http://seoji.nl.go.kr)와 국가자료공동목록시스템(http://www.nl.go.kr/kolisnet)에서 이용하실 수 있습니다.(cip2016026539)

* 이번 작품을 창작하는 데에는 한국예술인복지재단이 창작 준비금 지원을 통해서 도움을 주셨습니다.